2016, Autorin: Isabella Trampitsch
Fotos: Karala B. Walace
Umschlaggestaltung: Rainer Stecher
Lektorat: Rainer Stecher
ISBN: 978-3-7345-3351-8

Verlag & Druck:
tredition GmbH, Halenreie 40-44, 22359 Hamburg

ISABELLA TRAMPITSCH

DIE NUMEROLOGIE
DEINES
INNEREN SEINS

Danksagung

Ich bedanke mich auf diesem Weg bei meinem Sohn Martin für das Verständnis, da er während meiner Ausbildungszeit sehr oft auf mich verzichten musste. Ich liebe dich mein Sohn.

Ich danke meiner Familie, die immer zu mir gehalten hat, obwohl ich von anderen für mein „Anderssein" abgelehnt wurde, meiner Ausbildnerin Frau Dir. Ingrid Kamper „Wörtherseehexe Ingrid" in 9220 Velden am Wörthersee, die mich mit so viel Liebe, Geduld, Direktheit und Ehrlichkeit auf diesem Weg begleitet und mir ihr Wissen vermittelt hat.

Ich danke ihr jetzt als Seelenschwester, denn wir haben uns gefunden und sind für immer verbunden. So wie der ganzen Familie Kamper/Seiler, danke ich für die liebevolle Aufnahme in diese Familie. Ich gehöre zu ihr, als wäre sie meine eigene. Sie ist meine Seelenfamilie.

Und ich danke auch einigen wichtigen Lehrern und Lehrerinnen, die genau wissen, wen ich im Einzelnen meine, denn durch sie bin ich heute da, wo ich bin und die ich bin.

Ich bedanke mich auch bei meinen vielen Klienten, denen ich in meiner Praxis helfend zur Seite stehen durfte. Danke für euer Vertrauen.

Inhaltsverzeichnis

Vorwort

Es war so spannend, als ich meine erste numerologische Auswertung über mich machte. Ich lernte mich kennen, neu kennen – ganz anders, als ich mich bereits kannte. Ich konnte feststellen, was ich an mir mochte und was ich an mir ablehnte. Aber ich war immer noch ich, mit all meinen Stärken und Schwächen, meinen Lektionen und Aufgaben und meinen Potenzialen, die ich früher natürlich nicht immer erkannt habe.

Manchmal war mir so als würde ich über eine fremde Person lesen und manchmal traf es mich direkt ins Herz. Punktgenau! Vor allem das, was ich nicht sehen wollte, machte mir oft zu schaffen. Es war wie ein Blick in mein Herz – in meine Seele. „Die Seele ist so rein und klar wie ein Bergsee. Wenn du achtsam bist, kannst du ihr auf den Grund blicken." Und ich war achtsam, ich konnte endlich mein Puzzle zusammensetzen, Stück für Stück, und fand Antworten auf die Fragen, wer ich bin, wie ich bin und wie ich gern sein möchte. Die Numerologie war mir hierbei ein weiteres Hilfsmittel, mich selbst zu finden.

Die ESP (energetisch spirituell) Auraanalyse, Astrologie, Numerologie, Tarot- und Spiegelkarten, Pendel und schließlich als wichtigster Teil die Karma- und Spiegelbereinigung/Coaching nach MIK halfen mir auf meinem Weg zu mir selbst – zur Liebe für mich, denn Eigenliebe ist für mich das Zauberwort und wurde von mir bis dahin weder erlebt noch gelebt. Zu mir zu stehen, mit allen Schwächen und Stärken, das macht mich als

Mensch aus. – Ich war damals immer auf der Suche nach etwas für mich nicht Greifbaren, Unergründlichen. Heute weiß ich, dass es die Suche nach mir selbst war, nach meiner Seele, meinem Herzen, meinen Gefühlen. Ich beschäftigte mich seit meiner Jugend mal mehr und mal weniger mit dieser „nicht sichtbaren Seite". Und durch meine schwierigen Lebensumstände gab es immer wieder Situationen, in denen ich mich fragte: Was hat das alles für einen Sinn? Was ist meine Aufgabe? Warum habe ich so ein schweres Leben? Warum fühle ich so? Warum immer ich? Und vor allem: Wie kann ich das alles endlich in ein Leben voller Liebe verändern?

Ich war von den Zahlen gefesselt und berechnete alles, was mir so in die Hände fiel – egal ob Telefonnummern, Kontonummern, Adressen oder meine Berufsbezeichnung – einfach alles. Und es wurde immer spannender. Ich konnte und wollte nicht mehr aufhören. Damit begann für mich eine spannende Reise in mein Unterbewusstsein, in meine Seele.

Die Numerologie
Zahlen als Wegweiser

Der wichtigste Punkt, den es immer zu beachten gilt: *Zahlen machen zwar geneigt, aber sie bestimmen nicht.* Das sollte jedem, der sich mit den Zahlen beschäftigt oder sich für sie interessiert, bewusst sein. Darauf weise ich immer wieder in meinen Seminaren, Einzelsitzungen und Ausbildungen hin.

So wie viele andere „Hilfsmittel", ist auch die Numerologie ein Wegweiser zur Bewusstwerdung, zur Selbstfindung, zur Stärkung der Potenziale, zur Erkennung von Mustern, Lektionen und vielem mehr. Wenn jedoch die Zahlen zu einer Art „Abhängigkeit" (keine Entscheidung mehr ohne Hilfsmittel) führen, wird folglich die Intuition immer mehr verkümmern. Und das ist aus meiner Sicht nicht im Sinne der Seele.

Es gibt so viele verschiedene Arten und Systeme der Numerologie, aber eines haben alle gemeinsam – sie dienen der Seele und Persönlichkeit zum Erkennen von Stärken und Potenzialen, zur Bewusstwerdung der Aufgaben in diesem Leben und zur Aufarbeitung von Lektionen und Situationen. Sie können helfen Lektionen zu erkennen, um sie dann in Liebe aufzuarbeiten und Veränderungen herbeizuführen, wie das nachstehende Beispiel zeigt: Wenn es in der Liebe, der Gesundheit, dem beruflichen Erfolg oder im finanziellen Bereich immer wieder die gleichen „Probleme" (Lektionen=Lernprozesse) gibt, dann stehen dahinter meistens unbewusste oder bewusste Denk-, Glaubens- und

Verhaltensmuster (Karma und Spiegel), die immer von beiden Seiten betrachtet werden müssen, also von der *positiven* und der *negativen* Seite.

Negativ! Das Wort ist fremd besetzt und bedeutet für mich mittlerweile nur, dass es die andere Seite der Situation ist, die Kehrseite der Münze. Aber wir brauchen beide Seiten, die Polarität bzw. Dualität, um entscheiden zu können, auf welchem Weg wir uns gut fühlen, um zu erkennen, was wir wollen und was wir nicht mehr wollen.

Menschen, die sich der Numerologie bedienen oder anderer Hilfsmittel wie Astrologie, Kartenlegen, Kabbala, Pendeln, das Arbeiten mit und in der Aura oder das spirituelle und energetische Arbeiten nutzen, um ihr Bewusstsein zu erweitern, sind aus meiner Sicht und Erfahrung meist auf der Suche nach Antworten auf Fragen aus einem oder mehreren Bereichen ihres Lebens.

Sicher stellen Sie sich oft Fragen wie:

- *Warum ist mein Leben so, wie es ist und wie komme ich da endlich rau?*
- *Wie kann ich es verändern?*
- *Warum habe ich es so schwer? Warum trifft es immer wieder mich?*
- *Warum wiederholt sich ständig alles in meinem Leben?*
- *Wie komme ich aus diesem „Hamsterrad" heraus?*

- *Warum fühle ich mich so?*
- *Warum habe ich so ein geringes Selbstwertgefühl?*
- *Warum lasse ich alles mit mir machen?*
- *Wer bin ich?*
- *Was habe ich in diesem Leben zu erfüllen?*

Sie suchen Antworten, besuchen Seminare und gehen zu Workshops oder zum Mentaltraining, doch nach dem ersten Motivationsschub ist alles wieder wie vorher. Der „Alltag" schleicht sich ein und die alten Denk-, Glaubens- und Verhaltensmuster kommen wieder zum Vorschein – mal mehr und mal weniger. Doch wenn sie nicht im spirituellen Sinne erkannt und aufgearbeitet werden, drehen sich diese Muster im „Rad des ESP-Karmas" und sind die „Prüfsteine" des Lebens. Wir bekommen dann Tipps von Freunden und Bekannten und versuchen gewisse Dinge im Mental- oder Emotionalbereich zu verändern. Aber funktioniert das wirklich immer auf Dauer?

In manchen Büchern wird die Numerologie sehr kompliziert beschrieben. Zu viele irreführende Widersprüche haben mich deshalb angespornt, sie vereinfacht als „neue Energie" zu bezeichnen, um mit einem roten Faden die Kernpunkte zu finden. Einer dieser Kernpunkte in der Numerologie sind Zahlen, die seit Tausenden von Jahren eine große Bedeutung und starke Energie haben. Sie werden im Alltag, in der Wissenschaft oder in spiritueller Hinsicht benötigt. Nach meinen Erfahrungen ist jedoch folgendes ausschlaggebend, und das hebt die Bedeutung der Zahlen noch hervor: Die Seele des auf die Erde kommenden Menschen sucht sich einen

Namen und ein Geburtsdatum aus und inkarniert in der Seelenfamilie, woraus sich die Lektionen ergeben, die sie in diesem Leben aufarbeiten und erfüllen will, und auch kann. Denn die Seele sucht sich NICHTS aus, was sie nicht schaffen kann. Und sie bringt die Lösungen gleich mit. Keine Mutter kann zum Beispiel bestimmen, wann die Geburt anfängt, wie lange sie dauert und unter welchen Umständen sie abläuft. Keine Mutter kann sagen: „Heute passt mir die Geburt nicht, das ist nicht der richtige Tag." Vielleicht werden auch Fragen nach einem Kaiserschnitt gestellt, denn der kann ja geplant werden und gehört auch zum Inkarnationsvertrag, oder gar nach einer Adoption. – Ich habe selbst einen Adoptivsohn, der inzwischen 22 Jahre alt ist und mich vieles gelehrt hat (vor allem Lektionen über mich und

was meine Einstellung zu mir und meinem Leben betrifft). Und ich lerne immer und immer wieder aufs Neue von ihm. Dafür bin ich ihm von ganzem Herzen dankbar: „Ich liebe dich dafür mein Sohn." – Sein Zahlenbild zum Beispiel hat viel mit meinem zu tun, denn wir beide haben einen Seelenvertrag. Über diese ganz persönliche Geschichte berichte ich aber in einem anderen Buch von mir, und zwar in „Seelenvertrag Adoption".

Aus meinen eigenen Erfahrungen und den Erfahrungen mit zahlreichen Klienten und Schülern in meiner Praxis wird der Mensch aber oftmals gezwungen, sozusagen in letzter Instanz, die Lektionen zu durchleben, um sie zu lernen – oft über die Botschaften des Körpers. Als Dipl. ESP Karma- und Spiegeltherapeutin nach MIT, MIK kann ich jedoch sagen, dass wir auch die Möglichkeit haben die uns blockierenden karmischen Muster aufzulösen, um in Liebe und Harmonie zu leben, und zwar nach den eigenen Vorstellungen, nicht so, wie es andere von uns erwarten.

Ich habe immer nach den Erwartungen anderer gelebt, egal ob in meiner Ursprungsfamilie, in meinen Beziehungen oder später als Mutter. Ich wusste ja nicht, dass es auch andere Möglichkeiten gibt, obwohl ich seit meinem 17. Lebensjahr auf der Suche danach war. Doch es dauerte noch viele Jahre, bis ich „erkannte" was ich suchte.

Das energetisch-spirituelle Zahlenbild von Namen und Geburtsdatum

Aus dem Zahlenbild des Namens und des Geburtsdatums ergeben sich Lektionen, vor allem aber auch mitgebrachte Stärken und Potenziale – also Lösungen, um diese Lektionen erfüllen zu können. Ich wiederhole noch mal: *Die Seele sucht sich keine Lektionen aus, die sie nicht erfüllen kann.* Und die Lektionen sind keine Strafe, sondern bedeuten Wachstum für die Seele des Menschen und für das ganze Vierkörpersystem (den physischen Körper, Mentalkörper, Emotionalkörper und den spirituellen Körper). Die Familie, in welche die Seele inkarniert, also die Seelenfamilie, bietet alle Voraussetzungen, um den Lebensvertrag zwischen Seele und Familie erfüllen zu können. Das heißt für die Seele selbst und für alle in diesem Seelenvertrag befindlichen Personen. Ob dieser Vertrag erfüllt wird, entscheidet der Mensch täglich und in jeder Situation seines Lebens neu. Dabei wird der Vertrag immer wieder geprüft.

Eine Seelenvertragsklausel ist aus meiner Sicht bei allen Menschen dieser Erde gleich: das Leben in Liebe zu sich selbst und in Mitgefühl und Toleranz zu den Mitmenschen (mit ihrem Karma-Prozess) zu leben bzw. dies zu lernen, und das mit ganz viel Lebensfreude. Sich selbst in allen Facetten lieben zu lernen, ist nach meiner Sicht und Erfahrung die größte Herausforderung. Es erfordert eine Menge Ehrlichkeit zu sich und seinen Mitmenschen. Denn oft gehen wir einen Schritt zurück, nur um andere nicht zu verletzen, zu verärgern oder weil wir Angst vor Ablehnung haben. Vor allem aus Angst, nicht mehr geliebt zu werden, nicht dazu zu gehören, ausgeschlossen zu sein oder zu werden usw. „Mit verletztem Herzen bist du blind und siehst die Dinge nicht, wie sie wirklich sind", sagt zum Beispiel die Wörtherseehexe Ingrid Kamper.

Doch zu verzeihen, dass man sich und andere verletzt hat, andere um Verzeihung bitten, die verletzt wurden, und all denen das Verzeihen lehren, die verletzt haben, setzt voraus, die eigenen karmischen Aufgaben zu erkennen und aufarbeiten. Dass dies karmisch ist (erlernbar zum Beispiel in einem meiner ESP-Seminare wie der ESP Karma-Aufarbeitung, dem ESP Karma-Coaching oder dem ESP Spiegel-Coaching nach MIT, MIK) und es aufzuarbeiten, um „Altes" endlich in Liebe loszulassen, ist notwendig, um mehr Liebe, Harmonie, Frieden und Lebensfreude in das Leben zu bringen. Dies können viele meiner Klienten oder Seminarteilnehmer nach Einzelsitzungen und/oder Seminaren aus tiefstem Herzen bestätigen.

Jeder hat sich (im Gefühl und nicht nur mit dem Verstand) sein Leben mit allen dazugehörigen Lektionen, Situationen und Personen selbst ausgesucht, weil es der eigene Wille war, der eigene Lern-, Erfahrungs- und Wachstumsprozess. Somit kann nur jeder für sich etwas verändern. Wir können niemanden verändern, wir können uns nur selbst verändern und schaffen es so, dass andere sich mit verändern. Denn wir haben immer voneinander und miteinander zu lernen. Wir sind immer zur richtigen Zeit mit der richtigen Person zusammen, um unsere Erfahrungen zu machen und daraus zu lernen.

Indem wir die Verantwortung für unsere Handlungen übernehmen, bekommen wir eine große Macht in die Hand – nämlich eigenverantwortlich, frei und unabhängig zu bestimmen, WIE wir leben wollen, wie wir das Leben erfahren wollen. Damit übernimmt jeder die Verantwortung für sein Leben und steigt aus der Kindrolle (ich kann und will nicht entscheiden) in die Erwachsenenrolle. Gleichzeitig steigt der Mensch aus der Opferrolle aus. – Wenn wir erkennen, dass dies alles aus Liebe und zur Stärkung unseres Selbstbewusstseins, zur Bewusstwerdung geschieht und um unseren karmischen Vertrag gemeinsam zu erfüllen und positiv zu verändern, dann hat jeder die Macht und Kontrolle über sich und sein Leben gefunden, dann können wir unsere persönlichen Stärken betrachten.

Wir alle haben Energien zur Verfügung, die uns ständig begleitend unterstützen, und diese Energien müssen vielen erst „bewusst" gemacht werden. In jeder unserer vielen Billionen Zellen ist eine sogenannte „Blaupause" gespeichert. Diese Zellen karmisch zu reinigen und darin positives Karma abzuspeichern, das kann jeder Mensch lernen – sofern er es wirklich will (siehe auf www.espisa.at). Aus meiner Sicht haben wir nur eine „Pflicht", unser Leben in Liebe und mit Lebensfreude zu leben. Alles, was dem nicht entspricht, sollte bereinigt und aufgearbeitet werden, um dann bewusst eine Veränderung herbeizuführen. In Liebe zu leben bedeutet aber nicht, zu allem JA zu sagen!

Einige Gedichte haben mich auf meinem privaten und beruflichen Weg begleitet und sehr berührt. Sie gaben mir Antworten und haben mir während meiner spirituellen Entwicklung (oder besser, meines spirituellen Erwachens) geholfen, vieles klarer zu erkennen. Zum Beispiel das Gedicht von Hermann Hesse: „Das Leben, das ich selbst gewählt" oder die Bücher von Konrad Wallsch: „Ich bin das Licht" und „Die kleine Seele und die Erde". Diese und andere Schriften haben mich dabei unterstützt, vieles besser und leichter zu „verstehen", ich möchte eher sagen „zu fühlen". Doch ich erkannte auch, dass es mit dem Lesen dieser Texte nicht getan ist, so schön sie auch sind. Mir wurde bewusst, dass sie „gelebt" werden müssen, um sich selbst nachhaltig zu verändern.

Ich spreche und schreibe mit vielen Klienten in meiner Naturheilpraxis, wo ich zahlreiche verschiedene spirituelle Begleitmöglichkeiten anbiete, über meine gelebten und erlebten Erfahrungen. Dabei habe ich während eines langen Zeitraums festgestellt, dass eine dauerhaft positive Veränderung nur durch die Aufarbeitung und Bereinigung alter negativer karmischer Muster auf der Gefühlsebene möglich ist. Wenn der Mensch nur im Kopf arbeitet, also nur mental und nicht im Gefühl, holt ihn das karmische Muster wieder ein – bis er sich auf die Gefühlsebene einlässt und diese aufarbeitet. Um die Lektionen leichter zu finden und sie zu erkennen können die Zahlen bzw. das Zahlenprofil des Menschen helfen, welches wie schon erwähnt im Namen und Geburtsdatum sichtbar ist.

So viele Menschen suchen Antworten auf die Fragen des Lebens. Die richtigen Antworten trägt aber der Mensch in sich selbst. Oft weiß er es allerdings nicht oder sieht nicht richtig hin. Ich unterstütze ihn mit dem Zahlenbild, bewusster „hinzusehen". Die Zahlen können helfen, den Weg leichter, schneller oder behutsamer zu gehen. Das Tempo bestimmt allerdings der Mensch selbst. – Ich selbst war mein Leben lang auf der Suche nach Antworten. Und ich hatte so viele Fragen, bis ich durch viele verschiedene negative persönliche Umstände zu einer Ausbildung als ganzheitliche schamanische ESP Naturheiltherapeutin, ESP Karma- und Spiegeltherapeutin und ESP Lebenscoach nach MIK an die Akademie für ganzheitliche schamanische Naturheiltherapeuten in Velden kam, an der ich jetzt auch selbst Schüler ausbilde. Von da an begann sich mein „Puzzle" zusammenzufügen.

Das ESP Spiegel-Resonanz-Gesetz

Ich bin, wie die meisten Menschen auch, von Kindheit an ein visueller Typ, deshalb arbeite ich mit meinen Seminarteilnehmern, Klienten und Schülern gerne visuell. – Ich will es einmal so schildern: Stell dir vor, du würdest von dir ein lebensgroßes Ganzkörperfoto machen. Auf die Rückseite schreibst du alle positiven Eigenschaften und jene, die du an dir ablehnst oder nicht erkennen willst – also die „negativen" Eigenschaften. Dazu gehören natürlich auch Eigenschaften, die dich an anderen Menschen (dem Partner, Kindern, Eltern, Freunden, Kollegen), Situationen oder Dingen stören.

Das ist jetzt ein kleiner Ausflug ins ESP Spiegel-Resonanz-Gesetz (alles, was stört oder ärgert). Es ärgert dich zum Beispiel, dass dein Partner stur ist. Also frag dich mal, wann und wo du stur gewesen bist! Die Eigenschaft der Sturheit sollte also auch auf der Rückseite deines Bildes stehen. – Ein weiteres Beispiel: Du ärgerst dich, dass dein Kind so lieblos zu dir ist. Frag dich mal, wo oder zu wem du lieblos gewesen bist! Vielleicht sogar am meisten zu dir selbst? Die Eigenschaft der Lieblosigkeit sollte auch auf deinem Bild stehen. – Vielleicht ärgert es dich, dass deine Kollegen deine Gutmütigkeit ausnutzen. Gehe in dich und frage, ob du jemanden ausnutzt oder ausgenutzt hast! Auch die Eigenschaft des Ausnutzens sollte nun auf deinem Bild stehen und andere im übertragenden Sinne „negativen" Eigenschaften, die dir einfallen. Nur wenn du ganz ehrlich zu dir bist, und ich hoffe das bist du, dann lernst du diese Eigenschaften aufzuarbeiten. Diese negativen Eigenschaften sind nur gedankliche Abbilder, die du annehmen und Hinterfragen solltest: „WARUM reagiere ich so? Warum stört es gerade MICH? Es ist ja MEIN Gefühl, nicht das des anderen. Der andere löst es in MIR nur aus! Also ist dieses Gefühl in MIR „negativ" gespeichert." Wenn du eine Veränderung für dich und dein Leben herbeiführen willst, musst du also tiefer gehen und dir das negative Karma dazu ansehen. Das geschieht nur, wenn du dir deine Kindheit und das Verhalten der Menschen in deiner Kindheit bewusst machst und dies dann karmisch aufarbeitest – also das Werkzeug der ESP Karma- und Spiegelbereinigung benutzt.

Du wirst natürlich auch viele „positive" Eigenschaften finden, wie zum Beispiel: Fürsorglichkeit, Hilfsbereit-schaft, Friedfertigkeit, Kontaktfreude, Sparsamkeit, Sauberkeit, Klugheit, Ehrlichkeit, Verlässlichkeit, Lebensfreude, Mitgefühl, Strebsamkeit, Geselligkeit, Kreativität, Fleiß, Offenheit, Gläubigkeit, Zuversicht ... Das sind dann deine positiven Spiegel – also Eigen-schaften, die du auch in dir trägst, aber eher an anderen bewunderst als sie selbst anzunehmen. Nun stanzt du deine Eigenschaften (positive und negative) wie Puzzleteile aus dem Bild heraus. Auf jedem Puzzleteil steht eine Eigenschaft geschrieben. Du hast in diesem Leben und in früheren inkarniert, um dieses Bild wieder „zusammenzusetzen". Lehnst du nun deine negativen Seiten ab, dann sagst du ganz klar „Nein" zu dir und deiner Person. Das bedeutet allerdings nicht, dass du deine negativen Eigenschaften „ausleben" sollst. Du sollst dich nur fragen: „Warum bin ich so? Wie bin ich so geworden?" Also nimm sie an, denn sie gehören zu dir! Was du nicht annehmen willst, kannst du auch nicht in Liebe loslassen! Du wirst diese Eigenschaften weiterhin negativ betrachten, weil du nicht gelernt hast damit umzugehen. Du hast dich vielleicht auch nie gefragt, WARUM du diese Eigenschaften so sehr ablehnst. Aber genau damit musst du umgehen, das ist dein „Lernprozess", das sind deine karmischen Lektionen, die es zu bereinigen gilt, damit du die positive Seite davon (er) leben kannst. – Es sind DEINE Gefühle. Und sie bedeuten nichts anderes als: „Geh' und fühle!"

Die Schwingungszahlen mit ihren Sonnen- und Dualseiten

Vorab ein Hinweis: Solltest du ein persönlich ausgearbeitetes Lebensbuch (einfache Ausgabe mit ca. 60 Seiten oder mit Partnerspannung, Körperebenen, Hochzeitstagen usw.) erwerben wollen, kann ich dir gern einige Kontaktadressen meiner von mir ausgebildeten ESP Numerologie-Coaches geben. Bitte einfach eine E-Mail an mich senden, unter: isabella@espisa.at oder siehe www.espisa.at

Nun zu den Zahlen selbst. Ihre Berechnung ist ganz einfach. Du nimmst den Namen aus der ERSTAUS-STELUNGS-GEBURTSURKUNDE, also deine GE-SAMTEN Geburtsnamen und ALLE Vornamen, denn die hat sich deine SEELE vor der Inkarnation ausgesucht zu erkennen und zu lernen.

Schwingungszahl 1
Zähl alle Vokale (A, E, I, O, U und Y) deines gesamten Namens zusammen!
Schwingungszahl 2
Zähl alle Konsonanten zusammen, also die restlichen Buchstaben des Alphabets!
Schwingungszahl 3
Zähl alle Konsonanten und Vokale zusammen, also die Gesamtsumme der Buchstaben deines Namens! Zuletzt nimmst du die Zahlen deines Geburtsdatums, zählst sie zusammen und kürzt die Zahlen immer bis auf EINE Zahl herunter. So erhältst du 4 Hauptschwingungszahlen, die deine Potenziale und Lektionen (also deine

Lernprozesse) beschreiben. So ergeben sich in deinem Zahlenbild immer Zahlen zwischen 1 und 9. Die Zahlen 11, 22 und 33 bilden eine Ausnahme. Das sind Meisterzahlen und werden noch gesondert betrachtet. Sie bringen ihr Potenzial nur zur Wirkung, wenn das Seelenbewusstsein erwacht ist. Das heißt, wenn der Mensch die reduzierte Zahl bewusst lebt und die Verantwortung für seinen Seelenvertrag übernimmt.

Bei den negativ übernommen Mustern der Eltern spreche ich in diesem Buch nicht von „Vorhaltungen oder Vorwürfen" oder gar „Schuldzuweisungen" den Eltern gegenüber, sie haben es auch nicht anders gelernt, also auch nur „karmisch" übernommen und nachgelebt. Jeder kann nur für sich selbst entscheiden, ob er die negativen Muster der Eltern karmisch bereinigen und somit aus dem Hamsterrad aussteigen oder als negatives Muster nachleben will. Jedoch die übernommenen positiven karmischen Muster tragen wir auch alle in uns, und die wollen ja nachgelebt werden.

Die Schwingungen der Zahlen 1 bis 9

Das Potenzial und die Stärken der Zahl 1 und ihre Lern-, Erkenntnis- und Erfahrungsprozesse: Die Zahl 1 steht für die Sonne und somit für die Persönlichkeit und die Selbstverwirklichung. Darüber hinaus symbolisiert sie den Idealismus, den Anfang, die Aktivität und den Mut für Neues.

Die Sonnenseite der 1: Menschen mit dieser Schwingungszahl im Zahlenbild haben sich in dieser Inkarnation ihre großen Führungs- und Führerqualitäten ausgesucht zu leben. Sie tragen diese Qualitäten in sich, auch wenn sie sich dessen oft nicht bewusst sind. Sie sollten ihre innere Kraft und Energie finden, anerkennen und leben lernen. Sie tragen einen Entdecker-, Erfinder- und Pioniergeist in sich, der von der Seele gelebt werden will. Sie haben inkarniert, um sich mit Mut und Eigenverantwortung den Herausforderungen und Aufgaben der „neuen Zeit" zu stellen, auch, oder besonders dann, wenn vieles dagegen sprechen sollte. Tatkräftiges Handeln, ein starker Wille sowie eine gute Selbstdarstellung gehören zu ihren herausragenden Eigenschaften. Dafür werden sie auch von anderen sehr bewundert und geschätzt.

Die Dualseite bzw. die Lern- und Erfahrungsaufgaben sind: Sie sollten lernen sich selbst zu beobachten, damit der starke Wille nicht in Egoismus oder Sturheit ausartet. Ein gesunder Egoismus birgt im Handeln allerdings auch immer Mitgefühl und Toleranz in sich, was erkannt und gelebt werden muss. Menschen mit der Zahl 1 im Zahlenbild sollten lernen sich selbst zu beobachten und ehrlich und selbstkritisch den Eigensinn, die oftmals unbewusste Herrschsucht und das Misstrauen anderen gegenüber zugeben, damit es in der Folge karmisch aufgearbeitet werden kann. Meist waren diese Menschen in ihrer Kindheit einem Elternteil ausgesetzt (oft sogar beiden), der herrschsüchtig, eigensinnig oder stur war. Oder ein Elternteil besaß ein zu geringes Selbstwertgefühl und hat Entscheidungen immer dem anderen Partner überlassen. Deshalb sollte dieses bewusste oder unbewusste Muster (Karma/Spiegel) karmisch aufgearbeitet werden, damit die Sonnenseiten gelebt werden können.

Das Potenzial und die Stärken der Zahl 2 und ihre Lern-, Erkenntnis- und Erfahrungsprozesse: Die Zahl 2 steht für den Mond und somit für das Gefühl und die Emotionen. Auch symbolisiert sie Frieden und Harmonie, Ausgleich und Polarität, Hingabe und Fürsorge.

Die Sonnenseite der 2: Menschen mit dieser Schwingungszahl im Zahlenbild haben sich in dieser Inkarnation ihr Potenzial als Friedensstifter ausgesucht zu leben. Sie sind sehr ruhig, gefühlvoll, sanft und oft sogar sensitiv. Daher sind diese Menschen nicht nur sehr beliebte Freunde und Gesprächspartner, sondern auch wunderbare Eltern, die mit Gefühl handeln und ihren Kindern zeigen (indem sie es vorleben), dass Gefühlen mehr Beachtung zu schenken ist als dauerhaften Kopfentscheidungen. Durch ihre angeborene „diplomatische" Verhaltensweise gehen sie Auseinandersetzungen gern aus dem Weg und finden lieber friedvolle, für alle Seiten akzeptable Lösungen. Sie lieben die Musik und die schönen Seiten des Lebens und haben eine natürliche Meditationsanlage.

Die Dualseite bzw. die Lern- und Erfahrungsaufgaben sind: Wenn das positive Potenzial ignoriert wird und die Karma/Spiegel nicht aufgelöst werden, dann können sie mit Kritik schwer umgehen und nehmen alles sehr persönlich. Sie kritisieren sich selbst oder andere und provozieren dadurch oft Streit. Sie können leicht launisch, zu anspruchsvoll und pedantisch genau sein. Sie sind meist sich selbst gegenüber sehr kritisch und verurteilen ihr Verhalten ziemlich stark. Sie glauben, in jeder Lebenslage perfekt sein und perfekte Lösungen finden zu müssen, und das auch noch allein. Zumeist hatten diese Menschen in ihrer Kindheit einen sehr kritischen oder oft auch streitsüchtigen Elternteil. Ein Lebensprinzip für diese Zahl ist: „Jedem Menschen recht getan ist eine Kunst, die keiner kann."

Das Potenzial und die Stärken der Zahl 3 und ihre Lern-, Erkenntnis- und Erfahrungsprozesse: Die Zahl 3 steht für den Mars und somit für den Kampfgeist und die Antriebsenergie. Überdies symbolisiert sie Kreativität, Kontaktfreude, Kommunikation, Vielseitigkeit, Leichtigkeit und Lebensfreude. Sie steht auch für das „spielende Kind" und das „weibliche Prinzip".

Die Sonnenseite der 3: Menschen mit dieser Zahl sind, wenn sie diese positiv leben, sehr vielseitig und kreativ (tanzen, singen, basteln, musizieren, haben einen gesunden Sinn für Humor und sind sehr gesellig). Sie widmen sich voll und ganz dem Erreichen eines Ziels, und oft gelingt es ihnen, ehrenvolle Posten zu erlangen. Sie unterhalten sich gerne, knüpfen dadurch auch leicht Kontakte und geben anderen Menschen oft das Gefühl, dass alles ganz leicht ist. Sie sind oft sogar künstlerisch (dichten, komponieren, malen) begabt. Lebendigkeit ist ihnen sehr wichtig und sie tauschen sich gerne in allen Bereichen des Lebens aus.

Die Dualseite bzw. die Lern- und Erfahrungsaufgaben sind: Wenn das positive Potenzial ignoriert wird und die Karma/Spiegel nicht aufgelöst werden, dann können diese Menschen leicht der Oberflächlichkeit verfallen (sie hören nicht richtig zu oder führen oberflächliche Gespräche) und nichts und niemanden ernst nehmen. Sie schweifen gern vom Thema ab, reden viel und kommen nicht auf den Punkt. Oftmals gab es bei ihnen ein Elternteil, der sie nicht ausreden ließ oder der nicht zuhörte. Und als Erwachsene nutzen sie die Situation, denn niemand kann ihnen jetzt das Ausreden verbieten. Allerdings fassen sie schwer Entschlüsse, fangen vieles an und machen nichts fertig, weil sie sehr sprunghaft sind. Diese Menschen müssen lernen, die Sprache mit liebevollen Worten zu nutzen und auf den Punkt zu kommen. Sie müssen ihre Wahrheit aussprechen und dazu stehen, egal was andere darüber denken.

Das Potenzial und die Stärken der Zahl 4 und ihre Lern-, Erkenntnis- und Erfahrungsprozesse: Die Zahl 4 steht für den Merkur und somit für den Verstand und die Realität der physischen Welt. Sie symbolisiert auch die Disziplin, steht für das Praktische und die Logik, für die Arbeit und das allgemeine Handeln, für die Verwurzelung in Strukturen und für das Pflichtbewusstsein.

Die Sonnenseite der 4: Wenn Menschen diese Zahl positiv leben, sind sie sehr pflichtbewusst, fleißig und diszipliniert, machen meist mit Ausdauer ihre Arbeit und verfolgen zielstrebig ihre Ziele. Sie sind geduldig, besitzen ein logisches, praktisches Denken und sind deshalb sehr beliebte Mitarbeiter. Sie sind treu und zuverlässig, halten auch in unangenehmen Situationen ihr Wort und sind konsequent. In ihrem Umfeld sind ihnen Sicherheit und Stabilität sehr wichtig, und sie haben ein gutes Organisationstalent.

Die Dualseite bzw. die Lern- und Erfahrungsaufgaben sind: Wenn das positive Potenzial ignoriert wird und die Karma/Spiegel nicht aufgelöst werden, dann können diese Menschen leicht der Faulheit verfallen und unangenehme Arbeiten anderen überlassen. Oder sie flüchten in die Arbeit, um sich darüber ihren Selbstwert bestätigen zu lassen. Es kann auch passieren, dass sie unausgeglichen ihre Leistung leben. Diese Menschen gleichen also ihre Energien nicht aus, sondern arbeiten in einem Bereich von 300 Prozent (zum Beispiel an der Arbeit), und in anderen Bereichen (beispielsweise in der Partnerschaft) tun sie nichts. Oft sind sie dann in Familien aufgewachsen, wo die Arbeitsleistung mit einer Prägung überbewertet wurde: Alles im Leben ist schwer erreichbar und nur mit harter Arbeit zu bekommen. Und nur wer hart arbeitet, ist etwas wert. Sie haben dann oft ein sehr starkes Pflicht-gefühl und können oder wollen nicht Nein sagen – aus Angst vor Ablehnung oder Ausgrenzung oder wegen anderer Ängste. Diese Menschen müssen lernen, dass das Leben Spaß machen darf, dass es Spaß machen soll, dass man es mit Hingabe leben muss, dass sich Erfolg und Geld erst dann einstellen, wenn die Arbeit mit Liebe und Freude gemacht wird.

Das Potenzial und die Stärken der Zahl 5 und ihre Lern-, Erkenntnis- und Erfahrungsprozesse: Die Zahl 5 steht für den Jupiter, also für Wandel, Wachstum und Veränderung. Darüber hinaus symbolisiert sie Aufstieg, Freiheit und Wandel, Schnelligkeit, Abwechs-lung, Reisen, Toleranz und Lernfähigkeit.

Die Sonnenseite der 5: Menschen mit dieser Zahl sind, wenn sie diese Zahl positiv leben, zuversichtlich, mutig und begeisterungsfähig, charmant und tolerant und haben einen scharfen Verstand. Sie sind vielseitig begabt und lieben die Abwechslung. Meist reisen sie auch gern, lieben das Abenteuer oder machen „innere Reisen" (Meditationsreisen, Fantasiereisen). Sie können sich leicht von „alten Dingen" lösen und brauchen stän-dig neue Herausforderungen. Sie sind sehr wissens-durstig und haben eine positive Geisteshaltung.

Die Dualseite bzw. die Lern- und Erfahrungs-aufgaben sind: Wenn das positive Potenzial ignoriert wird und die Karma/Spiegel nicht aufgelöst werden, dann sind diese Menschen rastlos, unruhig, sprunghaft und brauchen oft (sogar zwanghaft) Veränderung und

Abwechslung. Sie fühlen sich schnell eingeengt und brechen dann auch gerne aus. Oft hat man den Eindruck, sie wären ständig auf der Flucht, eingeengt werden oder könnten sich leicht in Süchte verlieren. Sie sind intolerant, verurteilend und können absolut keine Routine und Monotonie vertragen. Sie sollten lernen maßzuhalten und Mitgefühl, Akzeptanz und Toleranz für Menschen zu zeigen, die anders sind als sie.

Das Potenzial und die Stärken der Zahl 6 und ihre Lern-, Erkenntnis- und Erfahrungsprozesse: Die Zahl 6 steht für die Venus und somit für Liebe, Harmonie, Schönheit und Ausgeglichenheit. Aber sie steht auch für Familie, für Gerechtigkeit im sozialen Gefüge, für Geselligkeit und eine ausgeglichene Balance.

Die Sonnenseite der 6: Diese Menschen sind, wenn sie diese Zahl positiv leben, uneigennützig. Sie lieben es anderen zu helfen, sie sozusagen zu „bemuttern". Sie sind liebenswürdig, selbstlos und lieben ein geschmackvolles Zuhause. Sie sind gewissenhaft und emotional und suchen immer wieder die Ausgeglichenheit. Verantwortung und Familie sind ihnen sehr wichtig (Männer, die diese Zahl haben, sind meist wunderbare Familienmenschen). Sie haben ein gutes Einfühlungsvermögen und sind gute Berater und Lehrer.

Die Dualseite bzw. die Lern- und Erfahrungsaufgaben sind: Wenn das positive Potenzial ignoriert wird und die Karma/Spiegel nicht aufgelöst werden, dann sind Menschen mit dieser Zahl immer wieder in der Opferrolle und mischen sich gerne überall ungefragt ein. Sie holen sich die Liebe über den Dienst am Nächsten und glauben meist, dass man nur dann geliebt wird bzw. ein guter Mensch ist, wenn man sich für andere aufopfert. Sie können schwer Nein sagen und machen sich über jeden und alles Sorgen. Sie sind leicht aus der Fassung zu bringen und überhäufen sich mit Selbstvorwürfen und Selbstverurteilungen. Diese Menschen würden sich gewiss so beschreiben: Ich liebe alle anderen, nur mich nicht. Ich bin nicht liebenswert. Menschen mit dieser Zahl müssen besonders einen gesunden Egoismus lernen.

Das Potenzial und die Stärken der Zahl 7 und ihre Lern-, Erkenntnis- und Erfahrungsprozesse: Die Zahl 7 steht für den Saturn und somit für den Lehrmeister. Sie steht aber auch für Grenzen und die spirituelle Verbindung, sie ist die Zahl der Weisheit und des Denkens, der Ganzheit und Vollkommenheit, des allgemeinen Lernens und des Lernens über das Leben.

Die Sonnenseite der 7: Menschen mit dieser Zahl sind, wenn sie ihr Potenzial positiv leben, sehr wissbegierig und lieben es, die Bewusstseinsbrücke zur Spiritualität zu schaffen. Sie finden diese am leichtesten beim Rückzug in sich selbst. Gerne machen diese Menschen innerlich mit sich selbst alles aus, wägen das Für und Wider ab und setzen ihren Verstand gut ein. Darüber hinaus verfügen sie über gute meditative und analytische Anlagen. Dem oft großen Schlafbedürfnis sollten sie immer wieder nachgeben, da dies eine wichtige Regenerationsfunktion zur Schaffung von innerer Ruhe und Distanz ist.

Die Dualseite bzw. die Lern- und Erfahrungs-aufgaben sind: Wenn das positive Potenzial ignoriert wird und die Karma/Spiegel nicht aufgelöst werden, dann können diese Menschen sehr in sich gekehrt sein, werden oft intolerant und versuchen alles mit dem Verstand zu erfassen. Dann können sie totale Kopfmenschen sein, die sich nur über den Intellekt austauschen und Gefühle nicht zulassen. Doch sie müssen lernen ihren Gefühlen zu vertrauen und nicht nur dem Verstand. Sie müssen lernen ihre Intoleranz zu erkennen und dass Fehler passieren können und dürfen.

Das Potenzial und die Stärken der Zahl 8 und ihre Lern-, Erkenntnis- und Erfahrungsprozesse: Die Zahl 8 steht für den Uranus und somit für Erfolg und Struktur, Praktisches und Materielles, für Macht, Autorität und Kraft.

Die Sonnenseite der 8: Diese Menschen sind, wenn sie ihr Potenzial positiv leben, sehr erfolgreich und kraftvoll. Sie lieben es, andere Menschen zu motivieren und zu stärken. Sie sind sehr verantwortungsbewusst, ausdauernd und „zäh". Sie geben nicht einfach auf, sondern sagen sich oft: „Geht nicht, gibt's nicht. Alles ist möglich." Sie sind sehr gute Manager und oftmals auch sehr autoritär. Geld und Erfolg sind ihnen sozusagen in die Wiege gelegt worden. Sie können für das, was ihnen am Herzen liegt, sehr hart arbeiten, da sie einen sehr starken Willen haben. Sie stellen oft große Ansprüche an andere, weil sie selbst sehr konsequent für ihre Ziele arbeiten, und sie erwarten das auch von anderen. Sie sind große Vorbilder für viele Menschen und werden oft sehr bewundert. Sie sind sehr aktiv, intuitiv, offen und ehrlich. Sie haben eine große Macht, sind wortgewandt und können große Bewusstseinsmacher sein.

Die Dualseite bzw. die Lern- und Erfahrungsaufgaben sind: Wenn das positive Potenzial ignoriert wird und die Karma/Spiegel nicht aufgelöst werden, dann können diese Menschen ihre Gefühle nicht offen zeigen und leben. Sie können dann absolut nicht mit Macht und Autorität umgehen, sind deshalb sogar oft angstvoll und ziehen sich zurück. Oft hatten diese „Macher" ein oder zwei sehr autoritäre Elternteile und ziehen ebensolche Menschen an, um das Karma-Muster aufzuarbeiten und zu durchbrechen. Sie ziehen es vor, anderen die Schuld für ihre Misserfolge zu geben und haben keine Eigenverantwortung. Wenn sie in der Negativspirale leben, dann kann es gut sein, dass sie gegenüber anderen Menschen ihre Macht benutzen. Sie müssen lernen mit Geld umzugehen und es als Energieausgleich anzusehen, nicht als Statussymbol. Sie müssen lernen, Gefühle zu zeigen und über Gefühle zu sprechen.

Das Potenzial und die Stärken der Zahl 9 und ihre Lern-, Erkenntnis- und Erfahrungsprozesse: Die Zahl 9 steht für den Neptun und somit für die Intuition, das Mitgefühl und das Gefühl allgemein. Überdies symbolisiert diese Zahl auch Spiritualität, Vorahnung, Übernatürliches, Erfüllung. Sie steht für den Abschluss. Die Neun ist eine seltsame, mysteriöse und geheimnisvolle Zahl. Sie kann mit jeder beliebigen Zahl multipliziert werden, die Quersumme des Resultats ergibt immer die 9.

Die Sonnenseite der 9: Menschen mit dieser Zahl sind, wenn sie ihr Potenzial positiv leben, sehr wissbegierig und lieben es anderen Menschen zu helfen. Sie sind gerne die „Problemlöser" und werden deshalb von anderen Menschen oft sehr bewundert. Sie sind auch hervorragende Berater und Begleiter in schwierigen Situationen. Sie sind Vollender und offen für Neues.

Die Dualseite bzw. die Lern- und Erfahrungsaufgaben sind: Wenn das positive Potenzial ignoriert wird und die Karma/Spiegel nicht aufgelöst werden, dann hebt dieser Mensch sozusagen ab. Er hat keinen Realitätssinn mehr und mischt sich überall ein. Er macht die Probleme der anderen zu seinen und verlernt völlig, sich auf seine eigenen Probleme zu konzentrieren. Erkennt dieser Mensch seine karmischen Muster nicht, kann er absolut nicht loslassen, klammert extrem und will nichts Neues in sein Leben lassen. Dann lebt er seine Spiritualität nicht mehr hier auf Erden, sondern übergibt alle Verantwortung dem „Höheren" und lässt sich nicht mehr auf irdische (realistische) Themen ein.

Die Meisterzahlen

11 – OFFENBARUNG
Muss ein leuchtendes Beispiel für die Wahrheit sein, das häusliche und materielle Leben organisieren und Ordnung halten.

Elfermenschen können fast alles im Leben erreichen, vorausgesetzt sie setzen dazu echte Gefühle ein. Da die 11 zusammengezählt eine 2 ergibt, multipliziert sich alles, was weiter oben unter der Zahl 2 geschrieben steht. Mit Rechtschaffenheit und Ehrlichkeit kann ein meteorhafter Aufstieg verbunden sein.

22 – HEILIGE ORDNUNG
Muss an der Erschaffung der Grundlagen des „Neuen Zeitalters" aktiv mitarbeiten und helfen, die Kooperation zwischen Menschen und einer höheren Organisation herzustellen.

Menschen mit der 22 haben stabile Qualitäten, die unter der Zahl 4 beschrieben sind. Hinzu gesellt sich noch ein zusätzlicher schöpferischer Impuls. Diese Leute sind außergewöhnlich spirituell, dürfen aber bei allen Unternehmungen die praktische Seite nicht außer Acht lassen. Diese Menschen sind ungewöhnlich und gehören selten zum Durchschnitt.

33 – DIENST AM MENSCHEN
Muss den Menschen auf eine bestimmte Art und Weise dienen, um ihr Leid zu verringern und die Bedürfnisse der anderen zu berücksichtigen. Die 33 muss das Ego

„wie toll ich bin" auflösen. Menschen mit der Zahl 33 besitzen die Fähigkeit, als Berater und Lehrer und Lichtarbeiter zu fungieren, jedoch ohne sich dabei zu wichtig zu nehmen. Sie sollen sich mit dem alten Geheimwissen beschäftigen, um dieses dann vereinfacht an die Menschen weiterzugeben.

Jetzt habe ich die Berechnung der Namenszahlen beschrieben. Für das Grundzahlenbild gibt es noch eine Zahl, welche berechnet wird. Das ist die *Lebensweg-Zahl*, die Schwingungszahl des Geburtsdatums. Hier werden alle Zahlen einzeln zusammengezählt und bis auf eine Zahl reduziert. Außer das ist eine Meisterzahl 11, 22, 33 – die wird nicht gekürzt, muss aber zuerst auf der reduzierten Ebene ausgeglichen werden (positiv gelebt werden), damit sie zum Tragen kommt.

Beispiel: 25. 2. 1957 = 31 = 4

Dieses Geburtsdatum hat die Schwingung der Lebensweg-Zahl 4 (siehe Beschreibung der Schwingungszahl 4).

Und dann kann noch das persönliche Jahr ausgewertet werden. Diese Auswertung funktioniert wie beim Geburtsdatum, nur wird anstatt des Geburtsjahres das laufende Jahr genommen. Für das obige Geburtsdatum im Jahr 2016 würde das wie folgt berechnet werden:

25. 2. 2016 = 18 = 9

Das Jahr 2016 hat für diese Person die Schwingung des 9er Jahres (siehe Beschreibung der Schwingungszahl 9). Es gibt aber noch ganz viele andere Berechnungsarten (individuelle und zwischenmenschliche Auswertungen, Partnerauswertungen, Familienbilder, Spannung von Eltern/Kinder u.v.m.), die in der Ausbildung zum Dipl. ESP Numerologie-Coach nach MIT dann erlernt werden können.

Seelenbotschaften

Lieber Gott, warum hast du mich enttäuscht?

Ich: „Gott, kann ich dir mal eine Frage stellen?"
Gott: „Sicher."
Ich: „Versprichst du mir, dass du nicht sauer wirst?"
Gott: „Ich verspreche es."
Ich: „Warum hast du mich heute so oft enttäuscht?"
Gott: „Was genau meinst du?"
Ich: „Nun, ich bin zu spät aufgewacht."
Gott: „Ja."
Ich: „Mein Auto ist andauernd nicht angesprungen."
Gott: „Okay."
Ich: „Mittags machten sie mein Sandwich falsch und ich musste auf das zweite Sandwich warten – ich hasse es, zu warten."
Gott: „Huummm."
Ich: „Als ich auf dem Weg nach Hause war, ging mein Handy kaputt, genau zu dem Zeitpunkt, als ich gerade einen Anruf bekam."
Gott: „Alles klar."
Ich: „Und zu all dem kam noch hinzu, dass, als ich nach Hause kam und meine Füße in das neue Fußmassagegerät stecken wollte, um zu genießen und zu entspannen, es einfach nicht funktionierte. Nichts ging heute richtig und gut! Warum hast du das zugelassen?"
Gott: „Lass mich mal sehen! Der Todesengel war heute Morgen an deinem Bett und ich habe meinen Engel zu dir gesandt, dass er für dein Leben kämpft. Und ich ließ dich währenddessen schlafen."
Ich (demütig): „Oh!"

Gott: „Dann habe ich zugelassen, dass dein Wagen nicht startete, weil ein betrunkener Autofahrer genau auf deiner Strecke unterwegs war und du ihm dadurch nicht begegnet bist, weil du später losgefahren bist."

Ich: (Ich schäme mich.)

Gott: „Die erste Person, die ihr Sandwich heute gemacht hat, war krank und ich wollte nicht, dass du diese Krankheit bekommst. Ich wusste, du kannst es dir nicht leisten, krank zu werden und nicht zur Arbeit zu kommen."

Ich (verlegen): „Okay."

Gott: „Das Telefon war kaputt, weil die Person, die dich anrief, ein falsches Zeugnis über das abgeben wollte, was du gesagt hättest. Und ich wollte einfach nicht, dass man deine Aussagen verfälscht. Deshalb habe ich erst gar nicht das Gespräch zustande kommen lassen."

Ich (leise): „Ich sehe, Gott."

Gott: „Oh, und das Fußmassagegerät besaß einen technischen Fehler und hätte alle Sicherungen im Haus durchknallen lassen. Ich dachte, du wolltest lieber nicht den ganzen Abend im Dunkeln sitzen."

Ich: „Es tut mir leid, Gott."

Gott: „Es muss dir nicht leidtun. Du musst nur lernen mir zu vertrauen, und zwar in allen Dingen, ob sie nun gut laufen oder schlecht."

Ich: „Ich werde dir vertrauen."

Gott: „Und zweifle nicht, dass mein Plan für den Tag immer besser ist als dein Plan."

Ich: „Ich will nicht zweifeln, Gott. Und lass mich noch sagen, Gott: Danke für alles heute!"

Gott: „Du bist willkommen, mein Kind. Es war nur ein weiterer Tag, dass ich dein Gott bin. Und ich liebe es, nach meinen Kindern zu schauen!" (aus dem Englischen, Autor unbekannt)

Auch hier kannst du erkennen,
dass jeder „SEINE" Wahrheit hat,
nach seiner Wahrheit handelt und dass jede Situation,
die wir erleben, einen größeren bzw. tieferen
Hintergrund hat und für die Entwicklung wichtig ist.
Wir sind immer zur richtigen Zeit am richtigen Ort,
obwohl dies oft im ersten Moment
unverständlich und negativ ist.
Ich denke, dass wir alle lernen sollten,
noch mehr zu VERTRAUEN,
Vertrauen in das GROSSE GANZE.

Die drei Siebe

Eines Tages kam ein Bekannter zum griechischen Philosophen Sokrates gelaufen.

„Höre, Sokrates, ich muss dir berichten, wie dein Freund ...“

„Halt ein!“, unterbrach ihn der Philosoph. „Hast du das, was du mir sagen willst, durch die drei Siebe gesiebt?“

„Drei Siebe? Welche?“, fragte der andere verwundert.

„Ja! Drei Siebe! Das erste ist das Sieb der Wahrheit. Hast du das, was du mir berichten willst, geprüft, ob es auch wahr ist?“

„Nein, ich hörte es erzählen, und ...“

„Nun, so hast du es sicher mit dem zweiten Sieb, dem Sieb der Güte, geprüft. Ist das, was du mir erzählen willst – wenn es schon nicht wahr ist – wenigstens gut?“

Der andere zögerte.

„Nein, das ist es eigentlich nicht. Im Gegenteil ...“

„Nun“, unterbrach ihn Sokrates, „so wollen wir noch das dritte Sieb nehmen und uns fragen, ob es notwendig ist mir das zu erzählen, was dich so zu erregen scheint.“

„Notwendig gerade nicht.“

„Also“, lächelte der Weise, „wenn das, was du mir so eben sagen wolltest, weder wahr noch gut noch notwendig ist, so lass es begraben sein und belaste weder dich noch mich damit.“ (nach Sokrates)

Vor deiner Geburt hast du JA gesagt

Vor deiner Geburt wurde dir gesagt, dass du nun die Gelegenheit hast, in einen neuen Körper einzutauchen.
Und du hast gesagt: Ich will es wagen.
Vor deiner Geburt wurde dir gesagt, dass du für die Zeit des körperlichen Lebens vergessen würdest, wer du bist und woher du kommst.
Und du hast gesagt: Ich will es wagen.
Vor deiner Geburt wurde dir gesagt, dass du wieder Neuland betreten wirst, Erfahrungen machen wirst wie nie zuvor und niemals danach.
Und du hast gesagt: Ich will es wagen.
Vor deiner Geburt wurde dir gesagt, dass es manchmal leicht, doch oft auch schwer sein wird, dass du oftmals stark und oft auch schwach sein wirst.
Und du hast gesagt: Ich will es wagen.
Vor deiner Geburt wurde dir gesagt, dass es immer neue Begegnungen in deinem Leben geben wird. Dir wurde auch gesagt, dass es Abschiede geben wird.
Und du hast gesagt: Ich will es wagen.
Vor deiner Geburt wurde dir gesagt, dass du oft nicht wissen wirst, wohin die Reise geht – wohin dein Leben steuert.
Und du hast gesagt: Ich will es wagen.
Vor deiner Geburt wurde dir gesagt, dass immer Hilfe in deiner Nähe ist, du wirklich nie alleine bist. Dir wurde auch gesagt, dass du dich dennoch oft allein fühlen wirst.
Und du hast gesagt: Ich will es wagen.
Vor deiner Geburt wurde dir gesagt, dass du alle Schätze in dir trägst, sie aber auch nur in dir finden

kannst. Dir wurde auch gesagt, dass du oft noch im Außen suchen und Enttäuschung erfahren wirst.

Und du hast gesagt: Ich will es wagen.

Vor deiner Geburt wurde dir gesagt, dass das Geheimnis des Lebens darin besteht, dass nur der bekommt, der bereit ist zu geben, der bereit ist, alles zu geben.

Und du hast gesagt: Ich will es wagen.

Vor deiner Geburt wurde dir gesagt, dass du nur dann Liebe und Geborgenheit spüren wirst, wenn du selbst Liebe und Geborgenheit gibst. Dir wurde gesagt, dass nur du allein zum Retter deines Lebens werden kannst.

Und du hast gesagt: Ich will es wagen.

Vor deiner Geburt wurde dir gesagt, dass du die Stimme, die vor der Geburt zu dir spricht, auch während deines Lebens immer hören kannst. Dir wurde gesagt, dass du in dich hineinhorchen musst, um sie zu hören.

Und du hast gesagt: Ich will es probieren.

Vor deiner Geburt wurde dir gesagt, dass du zurückkehren wirst und dann die Frage beantworten musst, die Frage, was du gemacht hast aus deinem Leben, was du gemacht hast mit deinen Fähigkeiten und Talenten, wie du die Gelegenheiten genutzt hast, die dir von oben zugefallen sind.

Und du hast gesagt: Ich will Antwort geben.

Vor deiner Geburt wurde dir gesagt, dass zwar dein Körper, niemals aber deine Seele geschädigt werden kann.

Und du hast gesagt: Ich will daran denken.

Vor deiner Geburt wurde dir gesagt, dass du dir selbst immer vertrauen kannst.

Und du hast gesagt: Ich will es versuchen.

Vor deiner Geburt wurde dir gesagt, dass du jetzt die Gelegenheit hast zu lachen und zu weinen, zu essen und zu trinken, zu schmecken und zu fühlen, zu singen und zu tanzen. Dir wurde gesagt, dass du die Gelegenheit hast, dein Leben zu leben.

Und du hast gesagt: Ich will es wagen.

Vor deiner Geburt wurde dir gesagt, dass du so wertvoll bist, dass das Leben selbst ohne dich nicht existieren könnte.

Und du hast gesagt: Ich will es niemals vergessen.

(Verfasser Peter Michael Dieckmann aus dem Buch „Ich bin berührt – Reiki oder Die Schule des Lebens")

Der Zug des Lebens

Vor einiger Zeit las ich ein Buch, worin das Leben mit einer Zugreise verglichen wurde.

Das Leben ist wie eine Reise im Zug: Man steigt oft ein und aus, es gibt Zwischenfälle, auch Unfälle, bei manchen Aufenthalten angenehme Überraschungen und tiefe Traurigkeit bei anderen.

Wenn wir geboren werden und in den Zug einsteigen, treffen wir Menschen, von denen wir glauben, dass sie uns während unserer ganzen Reise begleiten werden, wie zum Beispiel unsere Eltern. Leider ist die Wahrheit eine andere. Sie steigen bei einer Station aus und lassen uns selbstständig weiterleben.

Allerdings steigen andere Personen, die für uns sehr wichtig werden, in den Zug ein. Es sind unsere Geschwister, Partner, Freunde und Kollegen und diese wunderbaren Menschen, die wir lieben. Manche dieser Personen, die einsteigen, betrachten die Reise als kleinen Spaziergang. Manche hinterlassen beim Aussteigen eine immerwährende Sehnsucht ...

Manche steigen ein und wieder aus und wir haben sie kaum bemerkt. Zu manchen würden wir uns gerne hinzusetzen, doch leider ist der Platz an ihrer Seite schon besetzt.

So ist die Reise voll von Herausforderungen, Träumen, Fantasien, Hoffnungen, Begegnungen und Abschieden. Also machen wir uns diese Reise doch so schön wir können, auf die liebevollste und bestmöglichste Weise. Lernen wir doch in unseren Mitreisenden das Beste in jedem von ihnen zu sehen. Erinnern wir uns daran, dass in jedem Abschnitt der Strecke einer der Gefährten schwanken kann und möglicherweise unser Verständnis, ja unsere Liebe braucht. Auch wir können öfter schwanken und es wird jemanden geben, der uns versteht und hilft.

Das große Mysterium dieser Reise ist, dass wir nicht wissen wann wir endgültig aussteigen werden und wann unsere Mitreisenden aussteigen werden, nicht einmal der, der gleich neben uns sitzt.

Während der Reise werden wir Menschen aus den Augen verlieren und sie später vielleicht wieder treffen, mit Gepäck, das sie beim Einsteigen noch nicht hatten. Was mich glücklich macht, ist der Gedanke, dass ich mitgeholfen habe ihr Gepäck zu vermehren und es wertvoller zu machen.

Ich wünsche mir, dass wir darauf achten eine gute und liebevolle, respektvolle und wertschätzende Reise miteinander zu haben und dass sich am Ende all das gelohnt hat. Dass jeder sein Bestes dazu beiträgt und dann beim Aussteigen einen leeren Sitz zurücklässt, der viele schöne und liebevolle Erinnerungen bei den Weiterreisenden hinterlässt.

Denen, die Teil meines Zuges sind, aber auch allen anderen wünsche ich, dass sie am Ende sagen können: *„Dieses Leben war eine wunderschöne Reise!"*

Nachdenkliches

Eigenliebe

Erst lernen wir Laufen und Sprechen, dann still zu sitzen und den Mund zu halten. Dann lernen wir zu funktionieren und so zu sein, wie es gewünscht wird. Und warum? Um geliebt zu werden. – Und viel später setzen wir alles ein, um wieder so zu sein, wie wir am Anfang waren, um uns selbst wieder lieben zu können.

Liebe als Kraftquelle

ICH LIEBE DICH! Wann hast du diese Worte das letzte Mal gesagt? Nicht nur zu deinem Partner, sondern auch zu deinen Kindern, Eltern, Geschwistern ...? Diese wunderbaren Worte ehrlich ausgesprochen sind Streicheleinheiten für Herz und Seele. Sie bedeuten, jemanden gefühlsmäßig ins Herz zu lassen. Werden sie jedoch nur ausgesprochen, um jemanden „ruhig zu stellen" oder um etwas zu erreichen, dann wird die Liebe zum „Tauschhandel".
Sind Ängste vor Nähe oder Zulassung da oder wird Liebesentzug als Bestrafung benutzt, dann kann bzw. sollte dies karmisch aufgelöst werden, damit eine starke und ehrliche Liebe gelebt werden kann. Dann wird vorgelebt, dass Liebe die höchste Macht- und Kraftquelle ist, die es gibt und die alles möglich macht. Sag mal wieder von ganzem Herzen: „Ich liebe dich!" Wenn du es nicht kannst, dann frag dich ganz ehrlich, warum.

Jede Verurteilung kommt zurück

Was ist Tratsch überhaupt? Meist eine Verurteilung! Es ist ein Unterschied, ob sich Freundinnen über die neue Frisur unterhalten oder ob sie über Menschen lästern. Jeder hält sich in diesem Moment den eigenen spirituellen Spiegel vor. Und alles kommt nach den kosmischen Gesetzen mehrfach zurück. Was willst du zurück bekommen: Misserfolg und Sorgen oder doch lieber Liebe, Erfolg und Freude? Jede in Liebe geführte Unterhaltung erzeugt ein positives Karma. Willst du jedoch weiterhin negativ denken, reden, handeln, also ein negatives Karma erzeugen, dann lade ich dich ein dafür die Verantwortung zu übernehmen, wenn sich dein Leben in verschiedenen Bereichen – durch zum Beispiel fehlende Liebe, fehlendem Erfolg (beruflich oder finanziell) negativ entwickelt. Es ist der karmische Spiegel deiner Lebenseinstellung, zu dir und dem Leben. Ich wünsche dir, dass du öfter über deine Worte und Gefühle nachdenkst, die du in die Welt schickst und welche Energie damit in Fluss kommt.

Was ist Wahrheit?

Die Wahrheit mit Ehrlichkeit auszusprechen ist aus meiner Sicht das größte Geschenk an einen Menschen. Dadurch bekommt er die Möglichkeit zu erkennen, ob diese Wahrheit ihm helfen kann, sich selbst ehrlich zu erkennen, zur Selbstreflektion anzuregen und weiter zu entwickeln. Sie kann aber auch als Angriff gewertet werden. Angegriffen fühle ich mich jedoch nur, wenn Wahrheit darin steckt. Denn ansonsten brauch ich mich nicht verteidigen. Bitte bedenke aber immer ... jeder Mensch hat SEINE Wahrheit! Deshalb gibt es keine EINZIG GÜLTIGE Wahrheit. (Aus dem Buch von Ramtha, 7. überarbeitete Auflage 2003, Seite 121) „Wahrheit ist das, was jeder Mensch, jede Wesenheit, aufgrund seiner Erfahrungen zu seiner Wahrheit gemacht hat." Diese Wahrheit muss der Mensch jedoch dann auch (er) leben und ausleben. Und er gibt sie auch weiter, zum Beispiel an seine Kinder. Der Spruch: „Das Leben ist schwer" oder „Das Leben ist kein Wunschkonzert" sind übernommene Denk-, Glaubens- und Verhaltensmuster, die karmisch bereinigt und aufgelöst werden können (siehe www.espisa.at Karmabereinigung). Sollten wir nicht endlich anfangen das Leben BEWUSST zu leben und uns beobachten, was und wie wir fühlen, denken und auch sprechen? Ich wünsche mir sehr, dass sich die Menschen für ein „bewusstes" Leben entscheiden, denn dann kann sich der Betreffende auch „bewusst" für ein Leben in Liebe, Erfolg und Lebensfreude entscheiden. Das sollte es uns wert sein, für uns und vor allem für unsere Kinder.

Zwei berührende Gedichte

Psst! Hallo Mama, komm doch mit!

Eine kleine Hand tastet nach meiner Großen, so klein, so weich. Mein Herz füllt sich mit tiefer Liebe für dieses wunderbare Wesen, welches meine Hand hält. Mein Herz füllt sich mit tiefer Liebe für dieses wunderbare Wesen, welches ich in meinem Bauch tragen durfte. Mein Herz füllt sich mit tiefer Liebe für dieses wunderbare Wesen, welches ich nun ein Stück auf seinem Weg begleiten darf.
Eine kleine Hand tastet nach meiner Großen und leuchtende Augen schauen mich an, mit einem Lachen auf dem Gesicht.
Psst! Hallo Mama, komm spiel mit mir! Lass uns zusammen die Welt entdecken, lass uns zusammen im Regen tanzen, lass uns zusammen Luftschlösser bauen.
Psst! Hallo Mama, nimm mich in den Arm, ich will gehalten werden, ich will getragen werden.
Psst! Hallo Mama, ich bin nicht da, um dir dein Leben einfacher zu machen! Ich weiß, ich bringe bei dir Mauern zum Einstürzen, aber ich mache es aus tiefer Liebe zu dir. Ich weiß, ich löse in dir einen Schmerz aus, den du verschüttet hast, aber ich mache es aus tiefer Liebe zu dir. Denn ICH habe nicht vergessen, wer ICH BIN. Ich bin, DER ich bin. – Ich bin, WAS ich bin. Ich bin Liebe. Ich bin Freude. Ich bin Leichtigkeit. Und ich bin hier, um dich zu erinnern, wer DU bist!
Psst! Hallo Mama, bitte komm doch mit!
Ich nehme deine große Hand in meine Kleine.
(Verfasser unbekannt)

Wahrheit

Nichts scheue ich mehr in meinem Leben,
als der Heuchelei mich hinzugeben.
Ich möchte sagen dürfen, was ich denke,
selbst, wenn ich liebe Menschen kränke.
Wieso kann die Wahrheit jemand kränken,
während wir Lügen lächelnd schenken.
Ich frage mich oft: „Was läuft verkehrt,
legt auf die Wahrheit niemand mehr Wert!"
(Hermine Semmler, „Der Weg ist die Liebe", S. 46,
aus dem Jahr 2000)

Danksagungen und Erfahrungsberichte von Schülern und Klienten im Original

Nachfolgend nun ein paar Danksagungen und Erfahrungsberichte, die mich in der Numerologie (privat wie auch meine Klienten in meiner ESP Naturheilpraxis) immer sicherer gemacht haben, so dass alles, was in unserem Namen und im Geburtsdatum steht, auch gelebt werden kann, dass alle Potenziale voll genutzt werden können und dass wir es jederzeit in der Hand haben (wirklich jeder) unser „Lebensbuch" durch die ESP Karma- und Spiegelarbeit nach MIK umzuschreiben.

Walter
9. April 2016 um 08:04 Uhr

Liebe Isabella
Als ich vor gut drei Jahren bei dir das Karmaseminar besuchte war ich glaub in meiner grösster Lebenskrise. Meine nicht bekannte und somit auch karmisch nie aufgearbeitete Kindheit hatte mich eingeholt. Überfordert und voller Hass und Ohnmacht vom Wissen meines Erlebten wandelte ich ziellos durchs Leben. Als ich dann das Seminar bei dir besuchte, wo du mir dann mit deiner Art und viel Liebe, Geduld und Einfühlungsvermögen zeigtest, wie ich das ganze schmerzlich Wirrwarr entschlüsseln und karmisch auf- und verarbeiten kann, ging es wieder bergauf. Natürlich habe ich mir deine Worte zu Herzen genommen und versuche tagtäglich karmisch an mir zu arbeiten, was mir mittlerweile sehr gut gelingt. Ich habe besonders mein Selbstwertgefühl, meinen Willen und vor allem meine fehlende Eigenliebe

wiedergefunden und kann heute mit meiner wiedegefundenen Kraft anderen Menschen meine Hilfe anbieten. All das verdanke ich nur dir und für das möchte ich mich hier nochmals recht herzlich bei dir bedanken. Du warst und bleibst mein ganz persönlicher Engel. Ich liebe mich, ich liebe dich. Schön, dass es dich gibt. Namaste.

Elke
8. April 2016 um 20:48 Uhr

„Die immer lacht" Kerstin Ott.
Dieses Lied beschreibt es am Besten: Ich hab „immer" gelacht ... Zum Schein ... Isabella Trampitsch hat zu mir gesagt: „Komm her meine Süße und reich mir der Hand, zeig mir wer du bist und du wirst sehen, wie es ist: zu lachen ohne dabei zu betrügen, zu weinen, du wirst sehen, wie sie dich lieben, zu lieben. Ich zeig dir wie es geht" Danke Isabella Ich weiss jetzt wie es geht, es geht darum zu Verstehen, ohne Schuldzuweisungen, es ist ein ständiges, für mich tägliches, Wachsen und Lernen, um zu verstehen, verzeihen, zu lieben. Ich liebe mich, ich liebe dich liebe Isabella, schön das es mich gibt, schön das es dich gibt.

Andy
8. April 2016 um 13:07 Uhr

Wer nichts unternimmt – Steht sich selber im Weg! Hier findest Du einen Schlüssel Dich Deinen Sorgen zu entledigen ... Liebe Isabella, ich habe Dich an einem Seminar kennengelernt, das brauchte einiges an Überwindung und noch nie bin ich so in die Tief meiner Seele eingedrungen. Du hast mich unterstützt mit Deinem Wissen, Deiner Menschlichkeit, Deiner Herzlichkeit. In einem 2 Seminar durften wir uns wieder sehen und beim 3 mal bist Du mir so nah gerückt das ich Dich heute als Freundin sehe. Du hast mich mit Deiner ganzen Art weiter gebracht, Deine Worte machten mich nachdenklich, förderten mich aber auch. Es war ein Weg der meinem Leben einen total neuen Bereich eröffnet hat. Es sollte mehr solchen Menschen wie Du es bist geben. Ich bin Dir sehr Dankbar und freue mich schon auf unsere nächste Begegnung. Es ist wunderbar und schön, das ich Dich kennen darf liebe Isabella. Auf bald und alles Liebe. Andy.

Marianne
7. April 2016 um 11:53 Uhr

Liebe Isabella!
Ich danke dir aus ganzem Herzen! Du berührst mich immer wieder mit deiner Weichheit, mit deiner Warmherzigkeit. Du bringst die Dinge auf den Punkt. Ich höre dir liebend gerne stundenlang zu. Mein Leben hat sich so positiv gewandelt und dafür danke ich dir. Du hast mich liebevoll durch das Karmaseminar geführt und mir mein Herz geöffnet. Ich habe das Gefühl du schaust mir direkt in die Seele und du kannst mir ganz genau sagen wie es in mir ausschaut. Dank der Lehre nach MIK die du mit so viel Liebe weitergibst, ist mein Leben so wunderschön geworden wie es noch nie war. Ich genieße jeden Tag und bin in Lebensfreude. Ich lasse los – Menschen, die ein Karma haben oder Situationen die

mir nicht gut tun. Ich bin der wichtigste Mensch in meinem Leben! Das Gefühl ist wunderschön! Ich liebe mich – mit allen meinen Stärken und Schwächen und ich achte auf meine Gedanken und Gefühle. Du hast mir gelernt wie wichtig es ist dass ich mich liebe. Denn nur durch die wahre Eigenliebe ist es möglich, den Partner und die Kinder, die Familie und Kollegen und Freunde so zu lieben wie sie sind. Und ich liebe auch jene, die mir am meisten weh getan haben oder über die ich mich am meisten geärgert habe – denn ich habe gelernt zu verzeihen. Und ich bin mir in jeder Situation meines Lebens bewusst, dass ich es mir so ausgesucht habe. Das ist mein Leben – ich habe es mir so ausgesucht! Diese Erkenntnis ist für mich die bedeutendste. Ich habe es in der Hand, es zu verändern. Mein Leben ist schön! Wunderschön! Und heute ist der schönste Tag in meinem Leben! Liebe Isabella! Ich bin dankbar und glücklich, dass ich den Weg zu dir gefunden habe. Ich liebe mich – ich liebe dich! Schön, dass es dich und mich gibt! Du wunderbare Seele, danke für dein Sein!

Andrea
13. Februar 2016 um 09:16 Uhr

Liebe Isabella!
Ich kann kaum beschreiben, wie wunderbar ich das „in Schwingung" bringen mit meinen Klamgschalen genieße. Denn mit jeder Behandlung, behandle ich mich mit. Ich habe noch Vieles ausprobiert,habe Vieles dazugelernt und ich kann dir eines sagen ... Schwingung verbreitet Liebe und Liebe wird zu Lebensfreude. Auch das Vertrauen, das mir meine Klienten entgegenbringen ist

sehr intensiv und dadurch tauche ich immer tiefer ein und probiere sooo Vieles aus. Du hast einmal zu mir gesagt… Ich habe mich verändert … ja, ich vertraue mir … Meinem Können, meinem Wissen, meiner Intuition, meinem Sehen, Hören und Fühlen … ich spreche meine Wahrheit aus …, liebe Isabella, mein Spiegel. Ich arbeite karmisch an mir und mache Viel Yoga und Meditationen. Meine NATURHEILPRAXIS wächst und gedeiht, meine Numerologie ist wieder ein Stück gewachsen und meine Wünsche sind erfüllt, erfüllen sich und es werden noch Viele folgen. In dieser Numerologischen Schwingung, in der alle Klänge und Zahlen vereint sind, sage ich dir aus tiefstem Herzen NAMASTE … Danke für DEIN Sein, Tun, Verändern, Können!

Patricia
4. Januar 2016 um 17:18 Uhr

Liebe Isabella!
Als ich im Oktober 2013 das erste Mal eines Deiner Karmaseminare besuchte, war ich, rückblickend betrachtet, am Rande einer Depression. Damals war mir das nicht bewusst. Ich war ein zutiefst unglücklicher Mensch, ich konnte mich an nichts in meinem Leben erfreuen, und ich wusste nicht einmal wieso … und das schlimmste daran war … ich dachte das ist NORMAL! Ich konnte mir gar nicht vorstellen, wie anders das Leben sein kann … Dieses Karma-Seminar kommt einer Neugeburt gleich … mit jedem weiteren Seminar, und mit jeder weiteren Einzelsitzung, fingen die Mauern mehr an zu bröckeln, die ich mir über die Jahre so felsenfest aufgebaut hatte. Der Weg in die Ausbildung

folgte, und heute bin ich in Lebensfreude, Eigenverantwortung und Harmonie, egal ob Partnerschaft oder Beruf ... alles hat sich verändert ... und zwar ins Positive, herrlich ... und es geht immer weiter. Und wenn mich mal stolpere und ein Karma habe, weiß ich ja jetzt was zu tun ist, dank des Werkzeuges der Karma- und Spiegelarbeit aufstehen, Krönchen richten und weiter geht's in Lebensfreude. Ich kann nur sagen, in dieses Karma-Seminar zu gehen und dann natürlich auch dran zu bleiben, war die beste Entscheidung meines Lebens. Ich kann es wirklich aus tiefstem Herzen jedem empfehlen!!!!! Liebe Isabella, DANKE! Namaste, ich liebe mich & ich liebe Dich, Patricia.

Barbara
10. November 2015 um 07:46 Uhr

Liebe Isabella!
Ich möchte dir von ganzen Herzen Danke fürs die wunderbare Lehre der Karma Arbeit. Vor knapp 2 jahren bevor ich das erste Seminar bei dir besucht habe stand ich am Abgrund. Jede Beziehung wiederholte sich. Ich urteilte sehr stark und wurde auch verurteilt. Durch das weiblichkeits Seminar bei dir lernte ich mich selbst zu akzeptieren und zu lieben. Es War ein langer steiniger weg die ganzen karmaleins auf zu arbeiten, aber ich habe es geschafft. Nach nichtmal 2 jahren habe ich es geschafft in meinen Job nach oben zu kommen ich habe einen Partner gefunden der alles für uns gibt. Wo Drogen und Alkohol in keiner Hinsicht ein Thema sind. Auch Schläge und Gewalt gibt es nicht mehr. Gespräche in ruhe und mit offenen Herzen stehen an der

Tagesordnung. Wir vertrauen uns. Ich habe auch gelernt meine Mama in liebe los zu lassen und sie als meine Mama zu sehen und nicht mehr als Ersatz für Freunde. Ich habe durch diese Wege gelernt Verantwortung für mich selbst und für mein Leben zu übernehmen. In der einzelsitzung gabst du mir im warsten Sinne des Wortes einen arschtritt das ich endlich aufwache und es hat geholfen. Ich arbeite fast täglich an mir und ich kann sagen von dem Buben im MädchenKörper der am abrund stand mit einen fuss schon zum angesetzt is nicht viel übrigen geblieben. Ich habe es geschafft eine selbstbewusste junge stolze Frau zu werden die mit beiden Beinen im Leben steht. Liebe isabella, Danke danke danke! Ich liebe mich ich liebe dich! Umarmung, Barbara.

Stefanie
8. Oktober 2015 um 00:24 Uhr

Liebe Isabella!
Heute sage ich dir von ganzem Herzen danke für deine tollen Ausbildungen und Seminare! Meine Entscheidung die Ausbildungen zur ESP Numerologie und ESP Klangenergetik bei dir zu machen, war die beste in meinem Leben! Denn durch die Numerologie lernte ich mich erst richtig kennen und lieben! Durch das Schreiben meines wunderbaren Lebensbuches wurden mir meine Talente, Potentiale und Stärken immer mehr bewusst und ich lernte immer mehr meine Sonnenseiten zu leben! Gleichzeitig sind durch die Karma- und Spiegelarbeit nach MIK die Angst, Zweifel und Enttäuschungen, meine Wut ect. immer weniger geworden. Ich

danke dir für diese Entwicklung und deine Unter-
stützung, deine Geduld und die liebevolle Art mir mein
Herz zu öffnen! Du bist eine wundervolle Lebens-
lehrerin!! Danke für dein Sein. Auf die Liebe. Ich liebe
mich & Ich liebe dich. Deine Stefanie.

Michaela
5. Oktober 2015 um 21:12 Uhr

Liebe Isabella,
ich erinnere mich noch sehr gut daran, als ich vor ca. 2
Jahren in meinem ersten Karmaseminar bei dir gesessen
bin. Bei deiner kleinen numerologischen Auswertung
meiner Zahlen bist du aufgestanden, zu mir gekommen,
hast mir die Hand gegeben und "Guten Tag Frau Mutter
Theresa" gesagt. Boom – das hat gesessen, treffender
hättest du mich nicht beschreiben können. Ich war be-
geistert davon, was mit Zahlen alles möglich ist und als
du gesagt hast, du bietest diese Ausbildung an, war für
mich alles klar: ICH MUSS DAS MACHEN! Nach
einigen Karmalein, die ich bereinigt habe, habe ich mich
für die Ausbildung angemeldet... und es war eine
meiner besten Entscheidungen meines Lebens!!! Ich
durfte die Schwingungen der Zahlen kennenlernen, ich
durfte neue KollegInnen kennenlernen, aber vor allem
durfte ich MICH kennenlernen! Durch diese Ausbildung
war es mir möglich, zu verstehen, warum ich in ge-
wissen Situationen so oder so handle. Ich habe be-
gonnen zu verstehen, WER ich bin und WARUM ich so
bin!!!! Liebe Isabella, ich danke dir von ganzem Herzen
für diese tolle Ausbildung. Ich kann sie jedem von
Herzen empfehlen. Vor allem um sich selbst kennenzu-

lernen. Vielen Dank für alles! Ich liebe mich, ich liebe dich.

Margit
5. Oktober 2015 um 13:40 Uhr

Schon mal, dran gedacht das Leben von einem anderen Blickwinkel zu betrachten? Vielleicht ist genau JETZT der richtige Zeitpunkt, dein Leben zu verändern! Mir ging es vor einigen Jahren so und ich bin dankbar für so viele Erfolgsmomente, die dank Isabella erleben durfte. Egal ob es mit in Einzelterminen, mit der Numerologie, mit der Karmaarbeit ... Mit jedem Einzeltermin und Seminar wurde mir bewusst, warum so viele „Dinge" in meinem Leben scheinbar schief laufen! Warum ich so viel Alkohol trank & rauchte, so eifersüchtig war, mit mir und meinem Körper – meinem Leben unzufrieden war, meine Beziehung inkl. Sexualleben nicht so funktioniert wie es sollte, trotz guten verdienst das Geld doch zu wenig war. Früher: Ich kann viele Geschichten erzählen, was in meinem Leben alles so verkehrt gelaufen ist. Kurz auf den Punkt gebracht. Ärger & Erfolglosigkeiten im Job, zu wenig Geld, Streitigkeiten & Betrug mit Partnern, diverse Süchte, Existenz-, Verlust & Versagensängste, Gesundheitliche Themen uvm. Ich fühlte mich frustriert, alleine, ungeliebt, fett und hilflos! Ganz viele Situationen meines Lebens machten einfach keinen Sinn! War ich glücklich? Nein, natürlich nicht! Hätte ich es zugegeben? Natürlich nicht! Musste ich alles alleine schaffen, weil Hilfe annehmen Schwäche ist? Trotzdem ich habe zu funktionieren! Heute, gehöre ich zu den „Glücklichen Menschen"! Nein, ich schlafe nicht auf einem Kleeblatt & bin auch kein Glückspilz! Ich habe einfach nur mit der ESP-Karma- & Spiegelarbeit n. MIK das für mich richtige „Glückswerkzeug" gefunden! Es gibt seit März 2005 bis heute NICHTS in meinem Leben, dass ich mit der ESP-Karma-Spiegelarbeit nicht positiv verändert habe. Früher war das Gegenteil der Fall, es wurde von Tag zu Tag beschissener! Heute ist es von Tag zu Tag schöner! Egal welche Herausforderung ich hatte, sei es Geldmangel, Fehlgeburten, Tod des Vaters, berufliche Erfolglosigkeiten, Streitigkeiten mit der Familie, Beziehungsunfähigkeit, Überforderungen, Süchte und unerfüllte Wünsche. Alle diese Erfahrungen konnte ich mit der ESP-Karma-Spiegelarbeit n. MIK positiv verändern! Ich bin glücklich verheiratet mit meinen erfolgreichen Mann, habe ein lebensfrohes Kristallkind! Bin gesund, habe 2013 ein nagelneues Auto gewonnen! Habe eine erfolgreiche ESP-Naturheilpraxis & Hexenladen mitten in Innsbruck! Ich lebe & liebe meine Berufung und habe den Sinn meines Lebens gefunden! Das Leben zu lieben & die LIEBE zu LEBEN! www.espirima.at. – An dieser Stelle möchte ich mich von ganzen Herzen bedanken. Liebe Isabella Trampitsch dank dir hatte ich den Mut meine Ausbildung durchzuziehen & erntete soviel Liebe & Erfolg, dank dir habe ich gelernt was es heißt wirklich zu lieben & leben! DANKE! Das Leben ist zu kurz um es mit negativen Erfahrungen zu verplempern! Alles Liebe Margit.

Greti
5. Oktober 2015 um 11:42 Uhr

Liebe Isabella,
vielen herzlichen Dank für deine herzensöffnende Arbeit. Das was du letztlich wieder geleistet hast, lässt sich mit Worten wohl kaum beschreiben. Ich hab schon oft an mir selbst erlebt, wie heilsam deine Arbeit ist. Das was du beim Tom jedoch geleistet hast, ist sensationell. Ich übertreibe nicht, wenn ich sage, dass du ihm dadurch ein völlig neues Leben ermöglicht hast. Und dadurch auch die Möglichkeit für eine weitere gemeinsame Zukunft für Tom und mich. Ohne dein Zutun wäre das unvorstellbar gewesen. Danke für dein Sein und für deine Energiearbeit, alles Liebe Greti.

Dankbarkeits-Meditation
von HeXe EspIsa

Dankbar bin ich für dieses wunderbare Leben,
das mir jeden Tag wird neu gegeben.
Das ich für mich immer neu entscheiden kann,
ob ich glücklich sein will – und ab wann.

Dankbar bin ich für die Erfahrungen jeden Tag, auch
wenn es oft sehr fordernd sein mag.
Es ist schön mich jeden Tag selbst neu zu erfahren,
mich zu erkennen nach so vielen Lebensjahren.

Dass ich es in der Hand hab ins Glück
mich zu bringen, bringt mein Herz,
mein ganzes Sein zum Singen.
Mich zu lieben, das habe ich gelernt
immer mehr, auch wenn es mir fiel
am Anfang sehr schwer.

So ist es jetzt ein Gefühl, so wunderschön,
mich selbst mit den Augen der Liebe zu sehen.
In Ehrlichkeit meine Wahrheit zu sagen,
konnte ich dadurch erst immer mehr wagen.

Dankbar bin ich für die Menschen,
die mich umgeben, sie sind eine
Bereicherung in meinem Leben.
Besonders jene, die zu mir kommen
und es wollen wagen,
JA zum Glück und zur Liebe zu sagen.

Es ist immer wieder herrlich zu sehen
und zu spüren, wie sich unsere Seelen
miteinander & untereinander berühren.
Die Verbindung unserer Seelen
aus der Heimat, wo wir alle waren
vor endlosen Zeiten und vielen Lichtjahren

Wird immer tiefer und reiner von hellem Licht erfüllt,
und alle gemeinsam sind wir
in diese Liebe Gottes und Sanandas eingehüllt.
Mein Herz dehnt sich in unendlicher Weite,
wenn ich daran denk, an dieses Erlebnis
und dieses große Geschenk.

Mich mit den Menschen in Frieden, Freude und Liebe
verbunden zu wissen, lässt Tränen der Dankbarkeit über
meine Wangen fließen.
Ich freue mich so sehr auf die weitere
gemeinsame Zeit auf dieser irdischen Welt,
denn hier wird sie durch Liebe, Licht
und Freude noch mehr erhellt.

Namaste St.Veiter Hexe EspIsa
Isabella Trampitsch

Die Autorin Isabella Trampitsch wurde am 25. Februar 1957 in St.Veit/Glan in Kärnten geboren. Ihre Hobbys sind Tanzen, Singen und ihrem Körper 2 bis 3 Tage im Monat in der Therme neue Energie zuführen. Dabei genießt sie die Ruhe von ganzem Herzen, besonders im Sommer in ihrem Garten am Pool. Doch das war nicht immer so. Als Isabella Trampitsch 2004 nach vielen unglücklichen Lebensumständen ins „Mentale Lichtzentrum" zur Wörtherseehexe Ingrid in Velden" kam, funktionierte sie bestenfalls. Mit geringem Selbstwertgefühl suchte sie die Schuld überall, bei allen anderen Menschen oder Umständen, nur nicht bei sich selbst. Aus Angst zu enttäuschen oder nicht mehr geliebt zu werden, sagte sie zu allem Ja, auch wenn sie Nein meinte. Sie war seelisch und körperlich krank und wurde sehr oft von Eifersucht und Kontrollsucht beherrscht.

Ihre 25-jährige Ehe zerbrach, aber auch in ihrer nachfolgenden langjährigen Beziehung war sie nicht wirklich glücklich. Sie hatte keinen Zugang zu ihrem Sohn und es kam noch Arbeitsplatzverlust gefolgt von Existenzängsten hinzu. Immer wieder fragte sie sich, warum ausgerechnet ihr das alles passierte, wo sie doch seit ihrer Kindheit und frühester Jugend immer für alle da war und für jeden alles getan hat. Sie fragte sich, warum sie immer wieder von Menschen so verletzt und enttäuscht werden musste, denn bei ihrer lebenslangen Suche nach Liebe und Geborgenheit wurde sie immer wieder enttäuscht und verletzt. Sie fragte sich immer wieder, warum ausgerechnet sie schon von Kindheit an so ein schweres Leben haben musste. Die wahren Antworten fand sie erst im „Mentalen Lichtzentrum" bei Wörtherseehexe Ingrid in Velden. Sie lernte die Ursachen ihrer Denk-, Glaubens- und Verhaltensmuster zu erkennen und aufzulösen (Karma). Und plötzlich fiel es ihr immer leichter, zu sich und ihrer Meinung zu stehen. Sie begann ihr Leben nach ihren eigenen Vorstellungen zu leben (mit gesundem Egoismus) und die nötige Akzeptanz und Toleranz mit dem Karmaprozess ihrer Mitmenschen zu haben.

Die in ihrem Buch zugrunde liegende Lernmethode basiert auf der jahrelangen Erfahrung der Autorin, die eine eigene ESP Naturheil-, Glücks- und Erfolgspraxis für Einzeltermine in St. Veit/Glan hat (Kontaktaufnahme über die Praxis „ENERGIEOASE ESPISA") und zusätzlich als selbstständige Ausbilderin an der „Akademie für ganzheitliche schamanische ESP Naturheiltherapeuten nach MIK" mit Diplom unterrichtet. Seit Oktober 2006 gibt die Autorin ihre Lebenserfahrungen und ihr erworbenes Wissen zu Themen der Weiblichkeit, Sinnlichkeit, Sexualität, ESP Mentaltraining, ESP Kartenlegen, Pendeln, ESP Klangenergetik oder ESP Numerologie an der „Akademie für ganzheitliche schamanische ESP Naturheiltherapeuten nach MIK" an Menschen weiter, die ernsthaft etwas in ihrem Leben verändern und es „bewusst" erleben wollen. Überdies ist Isabella Trampitsch europaweit die einzige Dipl. ESP (energetisch spirituelle) Karmatherapeutin nach MIK (Methode Ingrid Kamper). Sie ist stolz ihre Berufung gefunden zu haben und erfüllt diese mit großer Freude.

Zeitfracht Medien GmbH
Ferdinand-Jühlke-Straße 7
99095 Erfurt, Deutschland
produktsicherheit@kolibri360.de